ABSOLUTE BEGINNERS

Guitar
Songbook

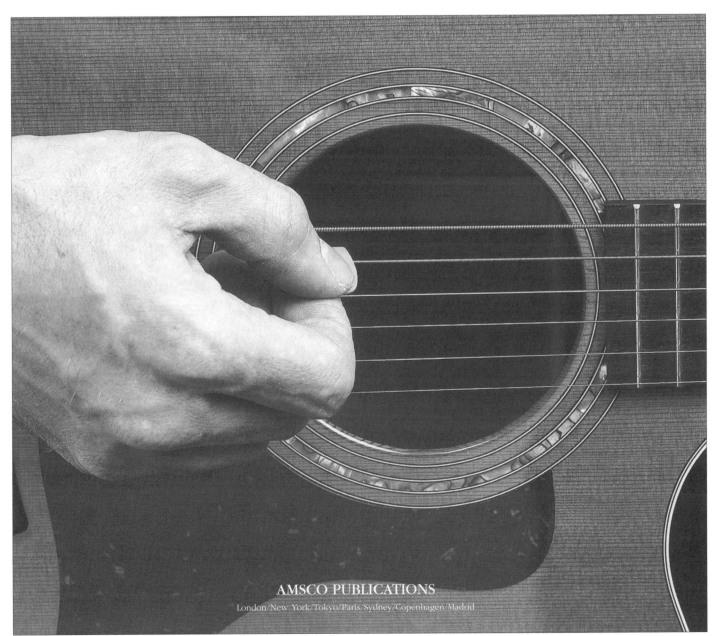

AMSCO PUBLICATIONS
London/New York/Tokyo/Paris/Sydney/Copenhagen/Madrid

Published by
Amsco Publications
257 Park Avenue South, New York, NY 10010 USA

Exclusive Distributors for the United States, Canada,
Mexico, and U.S. possessions:
Hal Leonard Corporation
777 West Bluemound Road, Milwaukee, WI 53213 USA.

Exclusive Distributors for the rest of the World:
Music Sales Limited
Distribution Centre, Newmarket Road, Bury St. Edmunds,
Suffolk IP33 3YB, UK.

Music Sales Pty Limited
20 Resolution Drive, Caringbah, NSW 2229, Australia.

Order No. AM1001913
ISBN 978-0-8256-3760-5
HL Item Number: 14041297

Arranged by Joe Bennett and Arthur Dick
Music processed by The Pitts
Editing and book layout by Sorcha Armstrong
Cover design by Chloë Alexander
Photographs by George Taylor
CD mastered by Jonas Persson

Printed in the United States of America

Your Guarantee of Quality:
As publishers, we strive to produce every book to the
highest commercial standards. This book has been
carefully designed to minimize awkward page turns and
to make playing from it a real pleasure. Particular care
has been given to specifying acid-free, neutral-sized
paper made from pulps which have not been elemental
chlorine bleached. This pulp is from farmed sustainable
forests and was produced with special regard for the
environment. Throughout, the printing and binding have
been planned to ensure a sturdy, attractive publication
which should give years of enjoyment. If your copy fails
to meet our high standards, please inform us and we
will gladly replace it.

www.musicsales.com

How To Use This Book

All of the songs in this book have been arranged
in their original keys, so you can play along with the
CD using all the chords you learned in *Absolute
Beginners Guitar Book 1* and *Book 2*. If you don't have
Absolute Beginners Guitar, don't worry – each chord has
a photo and a diagram to show you how to play it.

How To Use A Capo
In order to play in the original keys, some songs
indicate that you need to use a capo, an inexpensive
accessory which can be bought from any music shop.
For example: **capo 2nd fret**. This means that you should
put your capo onto the guitar neck at the second fret,
then play the chords as if the capo has become the nut
of the guitar.

Tuning Your Guitar **Track 1**
It's important to tune your guitar every time you play.
You are probably familiar with the main methods of
tuning, but if not, use our handy tuning notes on the
CD before playing along.

To tune the guitar down a tone, simply loosen the
bottom E string until it sounds in tune with the D string
(the 4th string). Play the note at the 12th fret and it
should match the sound of the open D string. Then
tune all the other strings to the bottom E using relative
tuning.

More instructions on using a capo, and tuning, can
be found in *Absolute Beginners Guitar Book One* and
Absolute Beginners Guitar Book Two.

Have fun!

Contents

All Along The Watchtower

Words & Music by Bob Dylan

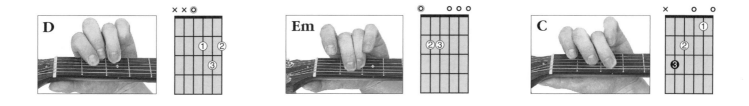

Capo eighth fret

Intro　　| D |: Em D | C D | Em D | C D :|

Verse 1
Em　　　　　　　　　D　　　　　　　C　　　　　D
　　"There must be some kind of way out of here,"
Em　　　　　D　　　　C　D
　　Said the joker to the thief,
Em　　　　　　　　D　　　C　　D
　　"There's too much confusion,
Em　　　　　　D　C　　D
　　I can't get no relief.
Em　　　　　　　D　C　　　　D
　　Businessmen, they drink my wine,
Em　　　　D　　　　C　D
　　Plowmen dig my earth,
Em　　　　　D　C　　　　D
　　None of them along the line
Em　　　　　　　　D　C　　D
　　Know what any of it is worth."

Guitar solo　　|: Em D | C D | Em D | C D :|

Verse 2
Em　　　　　D　　　C　　　D
　　"No reason to get excited,"
Em　　　　　　D　　　　　C　D
　　The thief he kindly spoke,
Em　　　　　　　D　　　　C　D
　　"There are many here among us
Em　　　　　　　D　　　C　D
　　Who feel that life is but a joke.
Em　　　　　　D　　　C　　　　　D
　　But you and I, we've been through that
Em　　　　D　　C　D
　　And this is not our fate,
Em　　　　　D　　　C　　　D
　　So let us not talk falsely now,
Em　　　　　　D　　　C　D
　　The hour is getting late."

Guitar solo   ‖: **Em D** | **C D** | **Em D** | **C D** :‖ *Play 6 times*

Verse 2

Em D   **C**   **D**
All along the watchtower
Em   **D**   **C D**
  The princes kept the view
Em   **D**   **C**   **D**
  While all the women came and went,
Em   **D**   **C D**
  Barefoot servants, too.
Em   **D**   **C**   **D**
  Outside in the cold distance
Em   **D**   **C D**
  A wild cat did growl,
Em   **D**   **C D**
  Two riders were approaching
                   Em   **D**   **C**   **D**
And the wind began to howl.

Outro solo   ‖: **Em D** | **C D** | **Em D** | **C D** :‖ *Repeat to fade*

Blue Suede Shoes

Words & Music by Carl Lee Perkins

(chord diagrams: A, D7, E7, A7)

Verse 1

       A
Well it's one for the money, two for the show,

Three to get ready, now go, cat, go!

Chorus 1

D7   **A**
But don't you step on my blue suede shoes,

    E7
Well, you can do anything

                        A
But lay off of my blue suede shoes.

Verse 2

       A
Well, you can knock me down, step on my face,

Slander my name all over the place,

Well, do anything that you want to do,

  A7
But uh-uh, honey, lay off of them shoes;

Chorus 2

D7   **A**
And don't you step on my blue suede shoes,

    E7
Well, you can do anything

                      A
But lay off of my blue suede shoes.

Let's go, cats!

Guitar solo

| A | A | A | A | D7 | D7 | |
| A | A | E7 | E7 | A | A | |

                                        A
Verse 3   Well, you can burn my house, steal my car,

                 Drink my liquor from an old fruit jar.

                 Well, do anything that you want to do,
                         A7
                 But uh-uh honey lay off of my shoes;

                         D7   **A**
Chorus 4   And don't you step on my blue suede shoes,
                         E7
                 Well, you can do anything
                                        A
                 But lay off of my blue suede shoes.

                              A
Outro   Ah, well it's blue, blue, blue suede shoes,

                 Blue, blue, blue suede shoes,
                 D7
                     Blue, blue, blue suede shoes,
                 A
                     Blue, blue, blue suede shoes,
                         E7
                 Well, you can do anything
                                        A
                 But lay off of my blue suede shoes.

The Boxer

Words & Music by Paul Simon

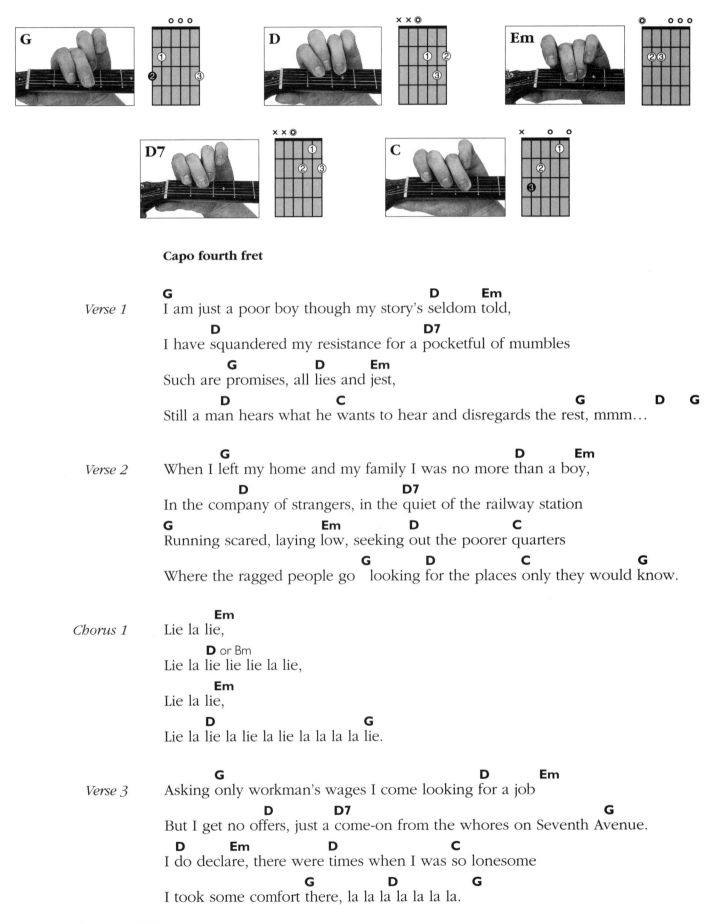

Capo fourth fret

Verse 1
      G   **D**   **Em**
I am just a poor boy though my story's seldom told,
          D   **D7**
I have squandered my resistance for a pocketful of mumbles
            G   **D**   **Em**
Such are promises, all lies and jest,
          D   **C**   **G**   **D** **G**
Still a man hears what he wants to hear and disregards the rest, mmm…

Verse 2
      G   **D**   **Em**
When I left my home and my family I was no more than a boy,
         D   **D7**
In the company of strangers, in the quiet of the railway station
G   **Em**   **D**   **C**
Running scared, laying low, seeking out the poorer quarters
                          G   **D**   **C**   **G**
Where the ragged people go   looking for the places only they would know.

Chorus 1
         Em
Lie la lie,
      D or Bm
Lie la lie lie lie la lie,
        Em
Lie la lie,
      D   **G**
Lie la lie la lie la lie la la la la lie.

Verse 3
      G   **D**   **Em**
Asking only workman's wages I come looking for a job
         D   **D7**   **G**
But I get no offers, just a come-on from the whores on Seventh Avenue.
  D   **Em**   **D**   **C**
I do declare, there were times when I was so lonesome
                   G   **D**   **G**
I took some comfort there, la la la la la la la.

Instrumental | **G** | **G D Em** | **D7** | **D7** | **G** | **G D Em** |

| **D   C** | **C   G** | **D   C** | **G** | **G** ||

Chorus 2
       Em
Lie la lie,

       D or Bm
Lie la lie lie lie la lie,

       Em
Lie la lie,

     D   **G**
Lie la lie la lie la lie la la la la lie.

Verse 4
        G   **D   Em**
Then I'm laying out my winter clothes and wishing I was gone,

     D   **D7**   **G**
Going home where the New York City winters aren't bleeding me,

D or Bm   **Em**   **D   D7 G**
  Leading me,   going home.

Verse 5
        G   **D   Em**
In the clearing stands a boxer and a fighter by his trade,

      D   **D7**
And he carries the reminders of every glove that laid him down,

  G   **D   Em**
Or cut him till he cried out in his anger and his shame,

    D   **C**   **G   D C G**
"I am leaving, I am leaving" but the fighter still remains.

Chorus 3
       Em
‖: Lie la lie,

       D or Bm
Lie la lie lie lie la lie,

     Em
Lie la lie,

    D
Lie la lie lie lie la lie. :‖ *Play 12 times*

Outro | **G** | **G D Em** | **D** | **D7** | **G** | **G D Em** |

| **D   C** | **C   G** | **D   C** | **G**   ‖

Gimme Some Lovin'

Words & Music by Steve Winwood, Muff Winwood & Spencer Davis

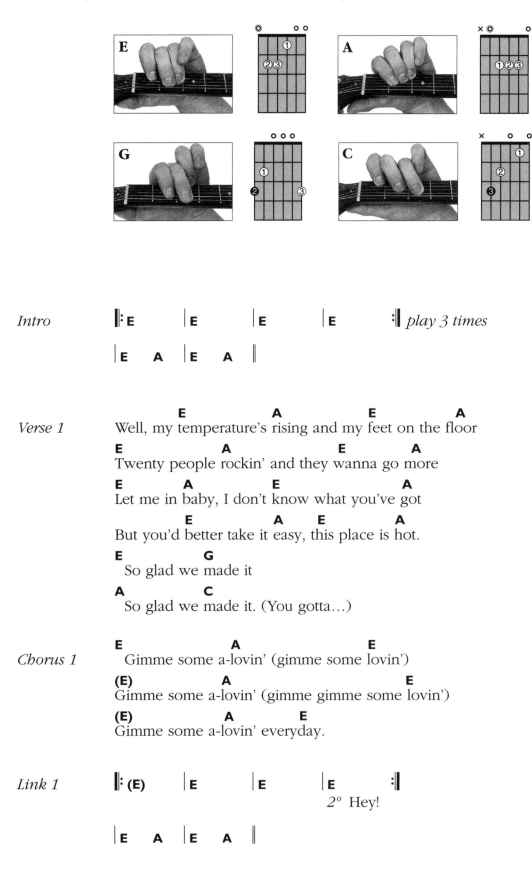

Intro   ‖: E | E | E | E   :‖ *play 3 times*

| E   A | E   A ‖

Verse 1
            E   A   E   A
Well, my temperature's rising and my feet on the floor
E   A   E   A
Twenty people rockin' and they wanna go more
E   A   E   A
Let me in baby, I don't know what you've got
             E   A   E   A
But you'd better take it easy, this place is hot.
E   G
  So glad we made it
A   C
  So glad we made it. (You gotta…)

Chorus 1
      E   A   E
Gimme some a-lovin' (gimme some lovin')
(E)   A   E
Gimme some a-lovin' (gimme gimme some lovin')
(E)   A   E
Gimme some a-lovin' everyday.

Link 1   ‖: (E) | E | E | E   :‖
                                    2° Hey!

| E   A | E   A ‖

Verse 2

         E   **A**   **E**   **A**
Well I feel so good, everything is soundin' high
         E   **A**   **E**   **A**
You'd better take it easy 'cos the place is on fire
E   **A**   **E**   **A**
Been a hard day and I don't know what to do
E   **A**   **E**   **A**
We made it baby and it happened to you. (And I'm…)
E   **G**
  So glad we made it
A   **C**
  So glad we made it.

Chorus 2   As Chorus I

Link 2   As Link 1

Verse 3

         E   **A**   **E**   **A**
Well I feel so good, everybody's gettin' high
              E   **A**   **E**   **A**
(You'd) better take it easy 'cos the place is on fire
E   **A**   **E**   **A**
Been a hard day, nothing went too good
             E   **A**   **E**   **A**
Now I'm gonna relax like ev'rybody should. (And I'm…)
E   **G**
  So glad we made it
A   **C**
  So glad we made it. (You gotta…)

Outro Chorus

E   **A**   **E**
Gimme some a-lovin' (gimme some lovin')
(E)   **A**   **E**
Gimme some a-lovin' (gimme gimme some lovin') :‖

repeat to fade

Heroes

Words by David Bowie   Music by David Bowie & Brian Eno

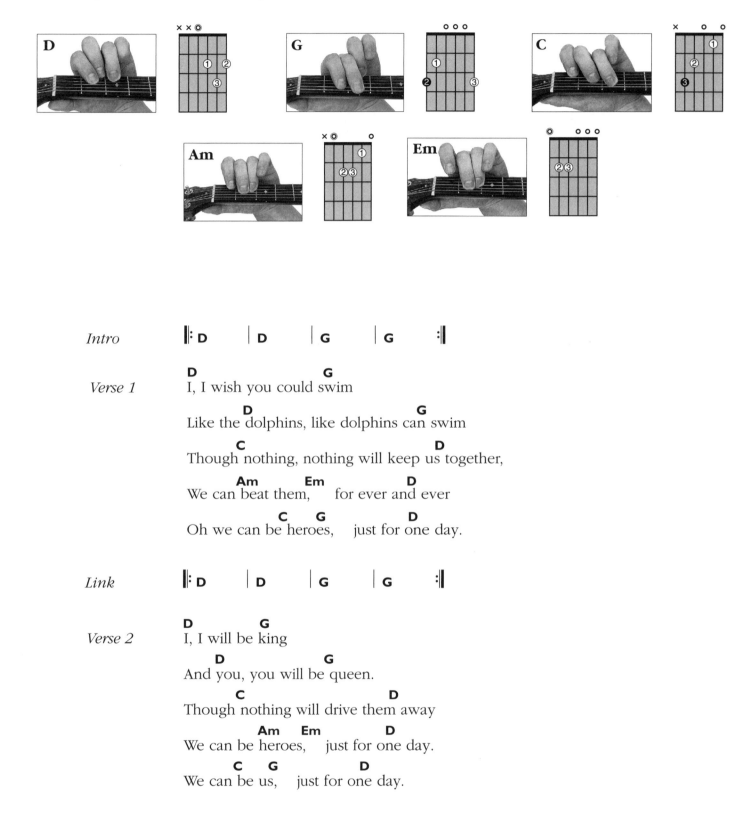

Intro   ‖: D | D | G | G :‖

Verse 1

    D   **G**
I, I wish you could swim

    D   **G**
Like the dolphins, like dolphins can swim

    C   **D**
Though nothing, nothing will keep us together,

    Am   **Em**   **D**
We can beat them,   for ever and ever

    C **G**   **D**
Oh we can be heroes,   just for one day.

Link   ‖: D | D | G | G :‖

Verse 2

    D   **G**
I, I will be king

    D   **G**
And you, you will be queen.

    C   **D**
Though nothing will drive them away

    Am **Em**   **D**
We can be heroes,   just for one day.

    C **G**   **D**
We can be us,   just for one day.

Verse 3

```
      D         G
I, I can remember (I remember)
      D            G
Standing by the wall (by the wall)
           D       G
And the guns shot above our heads (over our heads)
           D                          G
And we kissed as though nothing could fall (nothing could fall)
           C              D
And the shame was on the other side.
                Am
Oh we can beat them
Em               D
    For ever and ever.
                     C
Then we could be heroes
G           D
    Just for one day.
```

Outro

```
    D           G     D          G
    We can be heroes,   we can be heroes,
    D         G             D
    We can be heroes, just for one day
```

Fade out

Hey Jude

Words & Music by John Lennon & Paul McCartney

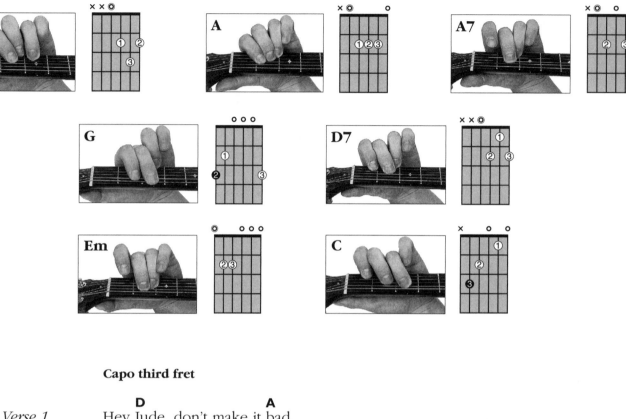

Capo third fret

Verse 1

      D   **A**
Hey Jude, don't make it bad,
         A7   **D**
Take a sad song and make it better.
      G   **D**
Remember to let her into your heart,
         A7   **D**
Then you can start to make it better.

Verse 2

      (D)   **A7**
Hey Jude, don't be afraid,

                        D
You were made to go out and get her.
      G   **D**
The minute you let her under your skin,
        A7   **D** **D7**
Then you'll begin to make it better.

Bridge 1

                     G
And anytime you feel the pain,
      D   **Em**
Hey Jude, refrain,
      G   **A7**   **D**   **D7**
Don't carry the world upon your shoulders.

Bridge
(cont.)

                                   G
For well you know that it's a fool
     D   **Em**
Who plays it cool
   G   **A7**   **D**
By making his world a little colder.
           D7   **A7**
Na na na na na, na na na na.

Verse 3

          D   **A7**
Hey Jude, don't let me down,

                           D
You have found her, now go and get her.
  G   **D**
Remember to let her into your heart,
         A7   **D**   **D7**
Then you can start to make it better.

Bridge 2

                    G
So let it out and let it in,
     D   **Em**
Hey Jude, begin,
      G   **A7**   **D**   **D7**
You're waiting for someone to perform with.
                       G
And don't you know that it's just you,
     D   **Em**
Hey Jude, you'll do,
  G   **A7**   **D**
The movement you need is on your shoulder.
           D7   **A7**
Na na na na na, na na na na. (Yeah)

Verse 4

          D   **A7**
Hey Jude, don't make it bad,

                       D
Take a sad song and make it better.
  G   **D**
Remember to let her under your skin,
         A7   **D**
Then you'll begin to make it better,

Better, better, better, better, better, oh.

Outro

   ‖: **D**   **C**
     Na___ na na, na na na na,___
G   **D**
Na na na na.___   Hey Jude. :‖ *Repeat to fade*

Let It Be

Words & Music by John Lennon & Paul McCartney

G

D

Em

C

Capo fifth fret

Intro | G   D | Em C | G   D | C   G ‖

Verse 1
          G   **D**
When I find myself in times of trouble,
Em   **C**
Mother Mary comes to me,
G   **D**   **C** **G**
Speaking words of wisdom, let it be.
                    D
And in my hour of darkness
          Em   **C**
She is standing right in front of me,
G   **D**   **C** **G**
Speaking words of wisdom, let it be.

Chorus 1
          Em   **D**   **C**   **G**
Let it be, let it be, let it be, let it be,
                    D   **C** **G**
Whisper words of wisdom, let it be.

Verse 2
          G   **D**
And when the broken hearted people
Em   **C**
Living in the world agree,
G   **D**   **C** **G**
There will be an answer, let it be.
                        D
For though they may be parted there is
Em   **C**
Still a chance that they will see.
G   **D**   **C** **G**
There will be an answer, let it be.

Chorus 2

    Em   **D**   **C**   **G**
Let it be, let it be, let it be, let it be,
                  D   **C**   **G**
Yeah, there will be an answer, let it be.
    Em   **D**   **C**   **G**
Let it be, let it be, let it be, let it be,
                  D   **C**   **G**
Whisper words of wisdom, let it be.

Instrumental | **C** **G** | **D** **C** **G** | **C** **G** | **D** **C** **G** ||

Solo | **G** **D** | **Em** **C** | **G** **D** | **C** **G** ||

Chorus 3

    Em   **D**   **C**   **G**
Let it be, let it be, ah let it be, yeah let it be,
                D   **C**   **G**
Whisper words of wisdom, let it be.

Verse 3

     G   **D**
And when the night is cloudy,
       Em   **C**
There is still a light that shines on me,
G   **D**   **C** **G**
Shine until tomorrow, let it be.
                  D
I wake up to the sound of music,
Em   **C**
Mother Mary comes to me,
G   **D**   **C** **G**
Speaking words of wisdom, let it be.

Chorus 4

        Em   **D**   **C**   **G**
Yeah let it be, let it be, let it be, yeah let it be,
                D   **C** **G**
Oh there will be an answer, let it be.
    Em   **D**   **C**   **G**
Let it be, let it be, ah let it be, yeah let it be,
                D   **C** **G**
Whisper words of wisdom, let it be.

| **C** **G** | **D** **C** **G** ||

A Little Less Conversation

Words & Music by Billy Strange & Scott Davis

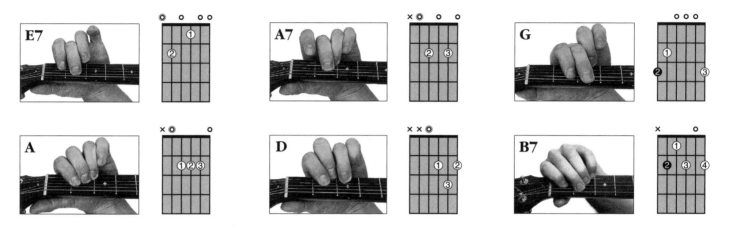

Intro | **E7**   **A7** | **E7**   **A7** | **E7**   **A7** | **E7** |

Chorus 1

    E7   **A7**
A little less conversation,

             E7   **A7**
A little more action please,

    E7   **A7**   **E7**   **A7**
All this aggravation ain't satisfactioning me.

    E7   **G**
A little more bite and a little less bark,

    A   **D**
A little less fight and a little more spark.

           E7   **B7**
Close your mouth and open up your heart,

          E7   **A7**
And baby satisfy me.

       E7   **A7**
Satisfy me baby.

Verse 1

    E7   **A7**
Baby close your eyes and listen to the music,

    E7   **A7**
Dig to the summer breeze.

    E7   **A7**
It's a groovy night and I can show you how to use it,

    E7   **A7**
Come along with me and put your mind at ease.

Chorus 2   As Chorus 1

Bridge

E7
Come on baby I'm tired of talking,

E7
Grab your coat and let's start walking,

E7
Come on, come on, (come on, come on)

G
Come on, come on. (Come on, come on)

A
Come on, come on. (Come on, come on)

B7
Don't procrastinate, don't articulate,

Girl it's getting late,

And you just sit and wait around.

Chorus 3

    E7   **A7**
A little less conversation,

           E7   **A7**
A little more action please,

E7   **A7**   **E7**   **A7**
All this aggravation ain't satisfactioning me.

    E7   **G**
A little more bite and a little less bark,

    A   **D**
A little less fight and a little more spark.

        E7   **B7**
Close your mouth and open up your heart,

         E7   **A7**
And baby satisfy me.

    E7   **A7**
Satisfy me baby.

repeat to fade

Moonshadow

Words & Music by Cat Stevens

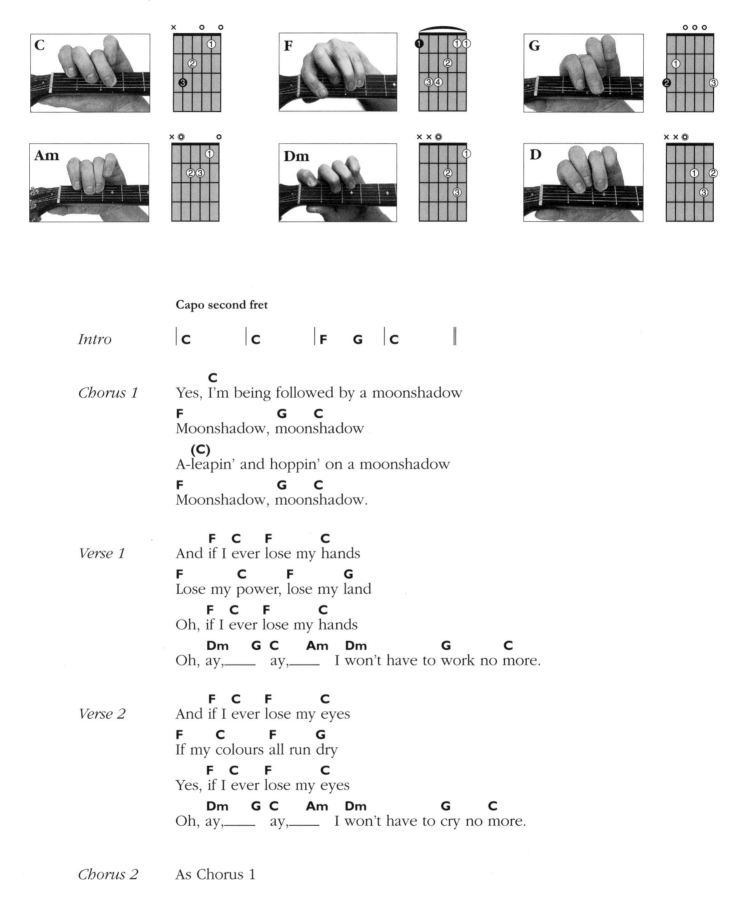

Capo second fret

Intro | C | C | F   G | C   ‖

Chorus 1
         C
Yes, I'm being followed by a moonshadow
F   **G** **C**
Moonshadow, moonshadow
   (C)
A-leapin' and hoppin' on a moonshadow
F   **G** **C**
Moonshadow, moonshadow.

Verse 1
      F **C** **F**   **C**
And if I ever lose my hands
F   **C**   **F**   **G**
Lose my power, lose my land
      F **C** **F**   **C**
Oh, if I ever lose my hands
     Dm **G C** **Am Dm**   **G**   **C**
Oh, ay,——— ay,——— I won't have to work no more.

Verse 2
      F **C** **F**   **C**
And if I ever lose my eyes
F   **C**   **F**   **G**
If my colours all run dry
      F **C** **F**   **C**
Yes, if I ever lose my eyes
     Dm **G C** **Am Dm**   **G**   **C**
Oh, ay,——— ay,——— I won't have to cry no more.

Chorus 2   As Chorus 1

Verse 3

       F   C   F   C
And if I ever lose my legs

F   C   F   G
I won't moan and I won't beg

       F   C   F   C
Oh, if I ever lose my legs

         Dm   G C   Am Dm   G   C
Oh, ay,_____ ay,_____ I won't have to walk no more.

       F   C   F   C
And if I ever lose my mouth

F   C   F   G
All my teeth North and South

       F   C   F   C
Yes, if I ever lose my mouth

      Dm   G C   Am Dm   G   C
Oh, ay,_____ ay,_____ I won't have to talk…

Interlude   ‖: **C** |**C** |**F**   **G** |**C**   :‖

Bridge

D   **G**
Did it take long to find me?

D   **G**
I asked the faithful light

D   **G**
Did it take long to find me

       D   **G   F**
And are you gonna stay the night?_____

Chorus 3

C
I'm being followed by a moonshadow

F   **G**   **C**
Moonshadow, moonshadow

(C)
Leapin' and hoppin' on a moonshadow

F   **G**   **C**
Moonshadow, moonshadow

F   **G**   **C**
Moonshadow, moonshadow

F   **G**   **C**
Moonshadow, moonshadow.

No Woman, No Cry

Words & Music by Vincent Ford

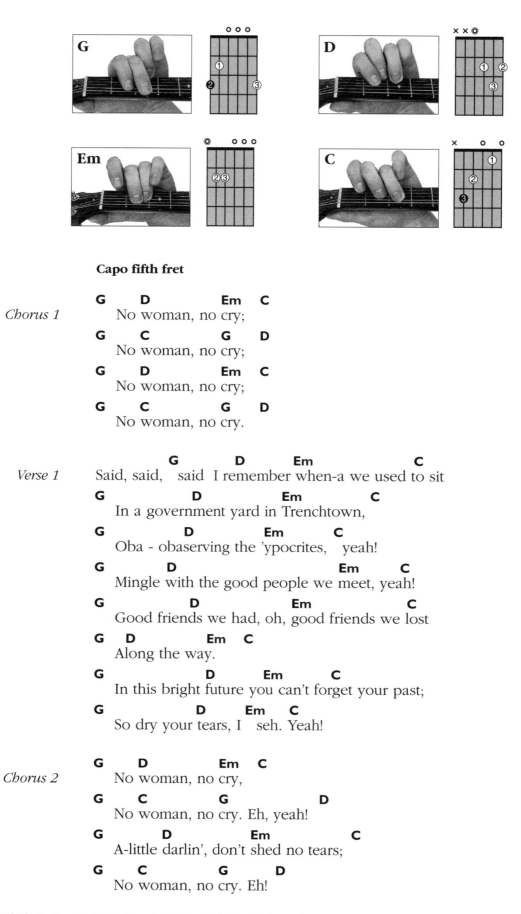

Capo fifth fret

	G	D		Em	C
Chorus 1	No woman, no cry;				

    G   **C**   **G**   **D**
No woman, no cry;

    G   **D**   **Em**   **C**
No woman, no cry;

    G   **C**   **G**   **D**
No woman, no cry.

Verse 1
               G   **D**   **Em**   **C**
Said, said,   said I remember when-a we used to sit

    G   **D**   **Em**   **C**
In a government yard in Trenchtown,

    G   **D**   **Em**   **C**
Oba - obaserving the 'ypocrites,   yeah!

    G   **D**   **Em** **C**
Mingle with the good people we meet, yeah!

    G   **D**   **Em**   **C**
Good friends we had, oh, good friends we lost

    G **D**   **Em** **C**
Along the way.

    G   **D**   **Em**   **C**
In this bright future you can't forget your past;

    G   **D**   **Em** **C**
So dry your tears, I   seh. Yeah!

Chorus 2
    G   **D**   **Em**   **C**
No woman, no cry,

    G   **C**   **G**   **D**
No woman, no cry. Eh, yeah!

    G   **D**   **Em**   **C**
A-little darlin', don't shed no tears;

    G   **C**   **G**   **D**
No woman, no cry. Eh!

Verse 2

      G   D   Em   C
Said, said,   said I remember when we used to sit

  G   D   Em   C
In the government yard in Trenchtown, yeah!

  G   D   Em   C
And then Georgie would make the fire lights,

      G   D   Em   C
I seh,   logwood burnin' through the nights, yeah!

  G   D   Em   C
Then we would cook cornmeal porridge, say,

  G   D   Em   C
Of which I'll share with you, yeah!

  G   D   Em   C
My feet is my only carriage

  G   D   Em   C
And so I've got to push on through,

Oh, while I'm gone;

Bridge

  G   D
Everything's gonna be all right!

Em   C
Everything's gonna be all right!

  G   D
Everything's gonna be all right, yeah!

Em   C
Everything's gonna be all right!

  G   D
Everything's gonna be all right-a!

Em   C
Everything's gonna be all right!

  G   D
Everything's gonna be all right, yeah!

Em   C
Everything's gonna be all right!

Chorus 3

  G   D Em C
So woman, no cry;

       G   C   G   D?
No, no woman, no woman no cry;

  G   D   Em   C
Oh, my little sister, don't shed no tears.

  G   C   G D
No woman, no cry.

Solo ||: G   D | Em C | G C | G D :|| *Repeat to fade*

Norwegian Wood

Words & Music by John Lennon & Paul McCartney

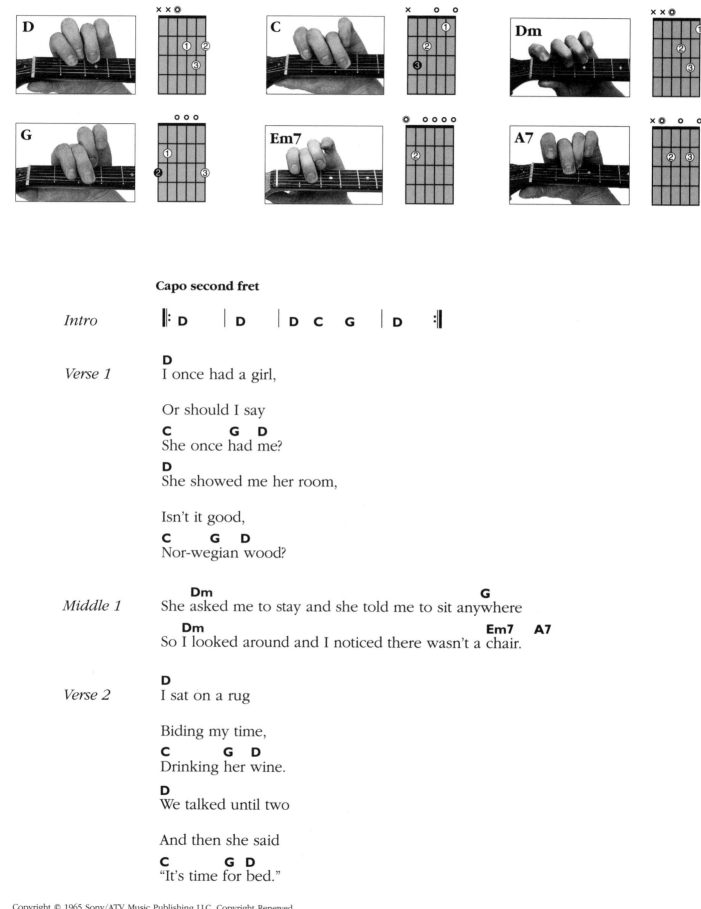

Capo second fret

Intro ‖: **D** | **D** | **D C G** | **D** :‖

Verse 1
D
I once had a girl,

Or should I say
C   **G D**
She once had me?
D
She showed me her room,

Isn't it good,
C   **G D**
Nor-wegian wood?

Middle 1
          Dm   **G**
She asked me to stay and she told me to sit anywhere
          Dm   **Em7 A7**
So I looked around and I noticed there wasn't a chair.

Verse 2
D
I sat on a rug

Biding my time,
C   **G D**
Drinking her wine.
D
We talked until two

And then she said
C   **G D**
"It's time for bed."

Instrumental ‖: **D** | **D** | **D**   **C**   **G** | **D**   :‖

Middle 2
      Dm   **G**

She told me she worked in the morning and started to laugh

    Dm   **Em7** **A7**

I told her I didn't and crawled off to sleep in the bath.

Verse 3
D

And when I awoke

I was alone,

C   **G** **D**

This bird had   flown.

D

So I lit a fire,

Isn't it good,

C   **G** **D**

Nor-wegian wood?

Instrumental | **D** | **D** | **D**   **C**   **G** | **D**   ‖

Not Fade Away

Words & Music by Charles Hardin & Norman Petty

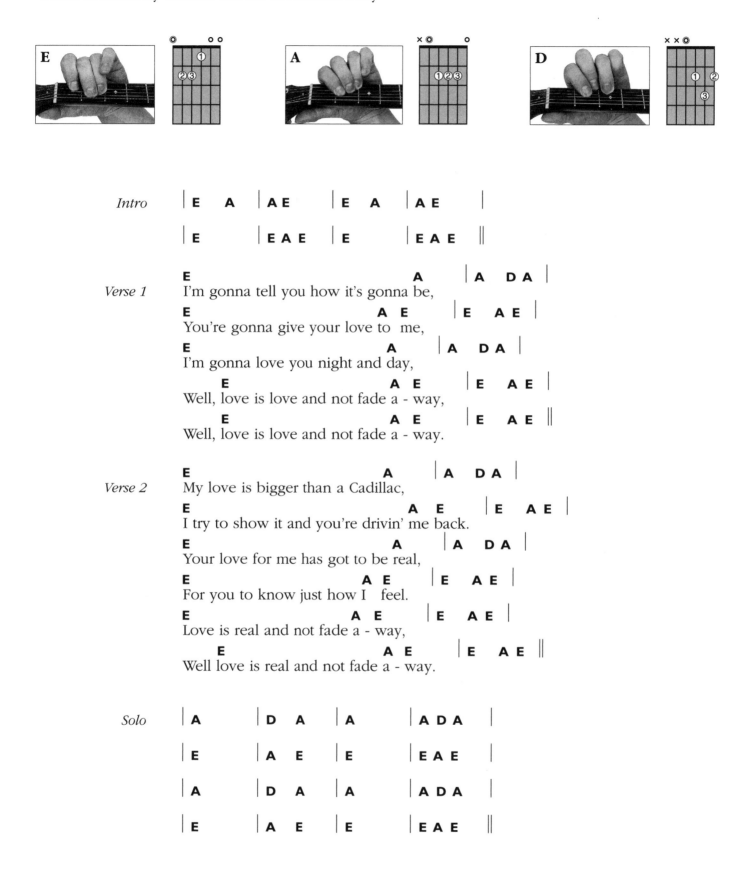

Verse 3

```
E                                    A     | A   D A |
I'm gonna tell you how it's gonna be,
E                         A  E      | E   A E |
You're gonna give your love to  me,
E                         A    | A   D A |
Love that lasts more than one day.
      E                   A  E      | E   A E |
Well, love is love and not fade a - way,
      E                   A  E      | E   A E |
Well, love is love and not fade a - way,
            A          E           | A    E   |
Well, love is love and not   fade a - way,
E      A        E
Love is love and not fade away.
```

Outro

```
        E      A       E
||: Not fade away,
      E     A     E
Not fade away.        :||   Repeat to fade
```

Romeo And Juliet

Words & Music by Mark Knopfler

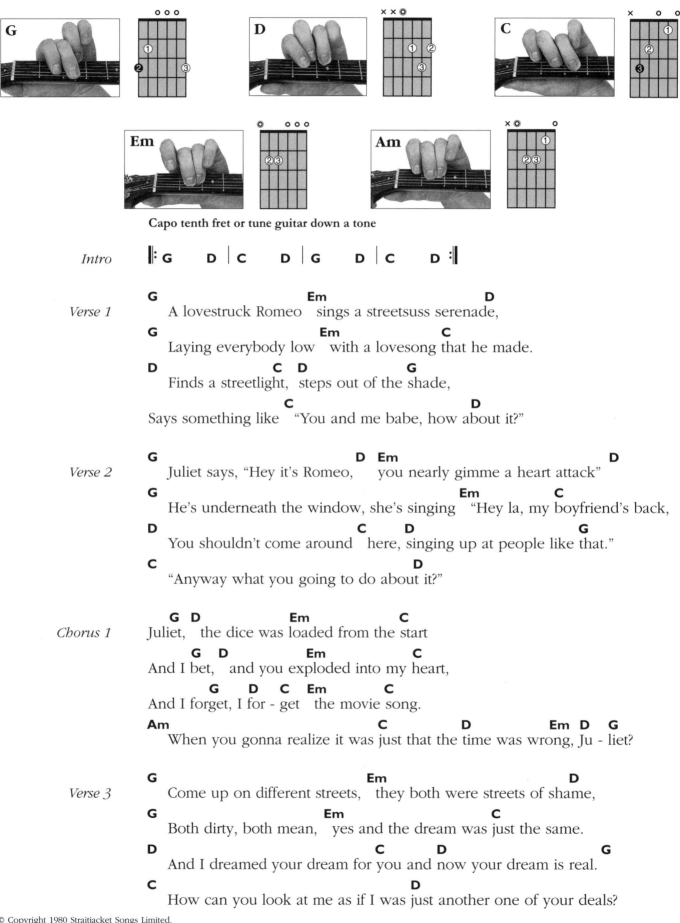

Capo tenth fret or tune guitar down a tone

Intro   ‖: G   D │ C   D │ G   D │ C   D :‖

Verse 1
```
G                      Em                D
A lovestruck Romeo   sings a streetsuss serenade,
G                      Em               C
Laying everybody low   with a lovesong that he made.
D              C  D           G
Finds a streetlight,   steps out of the shade,
                C                        D
Says something like   "You and me babe, how about it?"
```

Verse 2
```
G                          D  Em                        D
Juliet says, "Hey it's Romeo,   you nearly gimme a heart attack"
G                                   Em         C
He's underneath the window, she's singing   "Hey la, my boyfriend's back,
D                       C    D                    G
You shouldn't come around   here, singing up at people like that."
C                            D
"Anyway what you going to do about it?"
```

Chorus 1
```
         G  D       Em             C
Juliet,   the dice was loaded from the start
         G  D       Em             C
And I bet,   and you exploded into my heart,
         G  D  C  Em        C
And I forget, I for - get   the movie song.
Am                              C         D        Em D  G
    When you gonna realize it was just that the time was wrong, Ju - liet?
```

Verse 3
```
G                       Em                    D
Come up on different streets,   they both were streets of shame,
G                    Em                  C
Both dirty, both mean,   yes and the dream was just the same.
D                  C   D                   G
And I dreamed your dream for you and now your dream is real.
C                            D
How can you look at me as if I was just another one of your deals?
```

               G   **D Em**   **D**

Verse 4   When you can fall for chains of silver   you can fall for chains of gold,

G   **D Em**   **C**

   You can fall for pretty strangers   and the promises they hold.

D   **C D**   **G**

   You promised me everything,   you promised me thick and thin,

C   **D**

   Now you just say, "Oh Romeo, yeah, you know, I used to have a scene with him."

           G D   **Em**   **C**

Chorus 2   Juliet,   when we made love you used to cry.

           G   **D**   **Em**   **C**

You said "I love you like the stars above, I'll love you till I die."

        G   **D C**   **Em**   **C**

There's a place for us, you know the movie song,

Am   **C**   **D**   **Em**

   When you gonna realize it was just that the time was wrong,

    G   **C**   **G**   **D**   **C**   **D**

Juliet?

G   **Em**   **D**

Verse 5   I can't do the talk   like they talk on TV,

G   **Em**   **C**

   And I can't do a love song like the way it's meant to be,

D   **C**   **D**   **G**

   I can't do everything but I'd do anything for you,

C   **D**

   I can't do anything except be in love with you.

G   **Em**   **D**

Verse 6   And all I do is miss you and the way we used to be,

G   **D Em**   **C**

   All I do is keep the beat   and bad company,

D   **C D**   **G**

   All I do is kiss you   through the bars of a rhyme.

C   **D**

   Juliet, I'd do the stars with you any time.

Chorus 3   As Chorus 2

G   **Em**   **D**

Verse 7   A lovestruck Romeo   sings a streetsuss serenade,

G   **Em**   **C**

   Laying everybody low   with a lovesong that he made.

D   **C**   **D**   **G**

   Finds a convenient streetlight,   steps out of the shade,

                 C   **D**

Says something like   "You and me babe,   how about it?"

Outro   ‖: **C** | **D** | **C** | **D**   :‖   *Repeat to fade*

Run To You

Words & Music by Bryan Adams & Jim Vallance

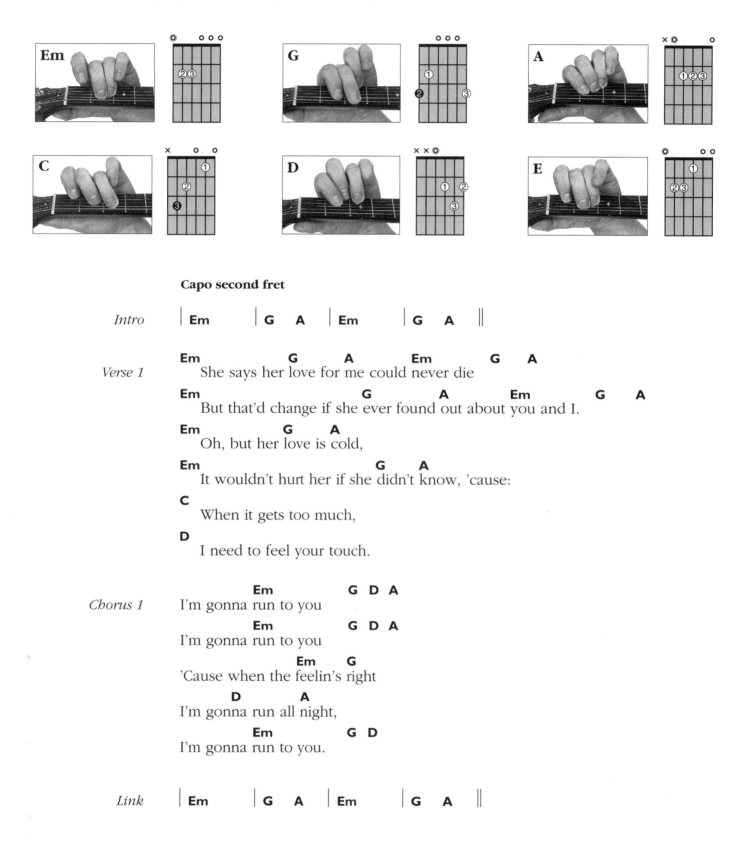

Capo second fret

Intro
| Em | G A | Em | G A ||

Verse 1

Em   G   A   Em   G   A
She says her love for me could never die

Em   G   A   Em   G   A
But that'd change if she ever found out about you and I.

Em   G   A
Oh, but her love is cold,

Em   G   A
It wouldn't hurt her if she didn't know, 'cause:

C
When it gets too much,

D
I need to feel your touch.

Chorus 1

              Em   G D A
I'm gonna run to you

              Em   G D A
I'm gonna run to you

                    Em   G
'Cause when the feelin's right

          D   A
I'm gonna run all night,

              Em   G D
I'm gonna run to you.

Link
| Em | G A | Em | G A ||

Verse 2

```
Em              G         A                    Em            G    A
        She's got a heart of gold, she'd never let me down
Em                                    G        A
        But you're the one that always turns me on,
                    Em          G    A
You keep me comin' 'round.
Em              G    A
        I know her love is true
                    Em                  G        A
But it's so damn easy makin' love to you.
C
        I got my mind made up,
D
        I need to feel your touch.
```

Chorus 2

```
                    Em          G D A
I'm gonna run to you
                        Em              G D A
Yeah, I'm gonna run to you
                    Em          G
'Cause when the feelin's right
            D           A
I'm gonna stay all night,
                    Em          G D
I'm gonna run to you.
```

Chorus 3

```
A                   Em          G D
Yeah, I'm gonna run to you
A           Em      G
Oh, when the feelin's right
            D           A
I'm gonna run all night,
                    Em          G D
I'm gonna run to you.
```

Solo ‖: E | E | D | D | C | C | D | D :‖

Outro ‖: Em G | D A :‖ *Repeat with ad lib. vocals to fade*

Twist And Shout

Words & Music by Bert Russell & Phil Medley

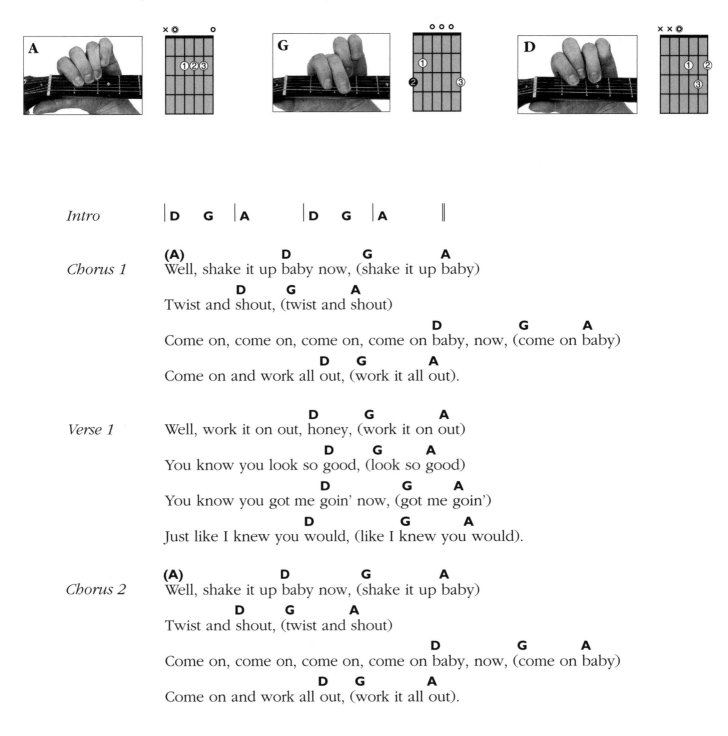

Intro | D   G |A | D   G |A   ‖

Chorus 1
(A)   **D**   **G**   **A**
Well, shake it up baby now, (shake it up baby)
          D   **G**   **A**
Twist and shout, (twist and shout)
                                                    D   **G**   **A**
Come on, come on, come on, come on baby, now, (come on baby)
                              D   **G**   **A**
Come on and work all out, (work it all out).

Verse 1
                              D   **G**   **A**
Well, work it on out, honey, (work it on out)
                              D   **G**   **A**
You know you look so good, (look so good)
                              D   **G**   **A**
You know you got me goin' now, (got me goin')
                              D   **G**   **A**
Just like I knew you would, (like I knew you would).

Chorus 2
(A)   **D**   **G**   **A**
Well, shake it up baby now, (shake it up baby)
          D   **G**   **A**
Twist and shout, (twist and shout)
                                                    D   **G**   **A**
Come on, come on, come on, come on baby, now, (come on baby)
                              D   **G**   **A**
Come on and work all out, (work it all out).

Verse 2

             D   **G**   **A**
You know you twist little girl, (twist little girl)

            D   **G**   **A**
You know you twist so fine, (twist so fine)

              D   **G**   **A**
Come on and twist a little closer now, (twist a little closer)

               D   **G**   **A**
And let me know that you're mine, (let me know you're mine).

Solo   ‖: **D**   **G** | **A**   **G** :‖ *play 3 times*

       | **D**   **G** | **A**   ‖

(A)
Ah,_____ ah,_____ ah,_____ ah, wow, yeah!

Chorus 3

 (A)   **D**   **G**   **A**
Well, shake it up baby now, (shake it up baby)

      D   **G**   **A**
Twist and shout, (twist and shout)

                         D   **G**   **A**
Come on, come on, come on, come on baby, now, (come on baby)

           D **G**   **A**
Come on and work all out, (work it all out).

Verse 3

             D   **G**   **A**
You know you twist little girl, (twist little girl)

            D   **G**   **A**
You know you twist so fine, (twist so fine)

              D   **G**   **A**
Come on and twist a little closer now, (twist a little closer)

               D   **G**   **A**
And let me know that you're mine, (let me know you're mine).

Outro

                     D   **G**   **A**
Well shake it, shake it, shake it, baby now, (shake it up baby)

                     D   **G**   **A**
Well shake it, shake it, shake it, baby now, (shake it up baby)

                     D   **G**   **A**
Well shake it, shake it, shake it, baby now, (shake it up baby).

(A)   **D**
Ah,_____ ah,_____ ah,_____ ah.   (Hey!)

Wonderful Tonight

Words & Music by Eric Clapton

G

D

C

Em

Intro   ‖: G | D | C | D   :‖

Verse 1

G   D
It's late in the evening,

C   D
She's wondering what clothes to wear.

G   D
She puts on her make-up

C   D
And brushes her long blonde hair.

C   D
And then she asks me,

G   D   Em
"Do I look alright?"

          C   D   G
And I say, "Yes, you look wonderful tonight."

| D | C | D   ‖

Verse 2

G   D
We go to a party

C   D
And everyone turns to see

G   D
This beautiful lady

C   D
Is walking around with me.

C   D
And then she asks me,

G   D   Em
"Do you feel alright?"

          C   D   G
And I say, "Yes, I feel wonderful tonight."

Bridge

           C
I feel wonderful

    D   **G**   **D**   **Em**
Because I see the love-light in   your eyes,

          C   **D**
And the wonder of it all

            C   **D**
Is that you just don't realize

              G
How much I love you.

D	**C**	**D**	
G	**D**	**C**	**D**

Verse 3

G   **D**
   It's time to go home now

C   **D**
   And I've got an aching head,

G   **D**
   So I give her the car keys,

C   **D**
   She helps me to bed.

C   **D**
   And then I tell her

G   **D**   **Em**
   As I turn out the light,

           C   **D**   **G**
I say, "My darling, you were wonderful tonight.

           C   **D**   **G**
Oh my darling, you were wonderful tonight."

D	**C**	**D**	

Outro

G	**D**	**C**	**D**	**G**	

Yellow

Words & Music by Guy Berryman, Jon Buckland, Will Champion & Chris Martin

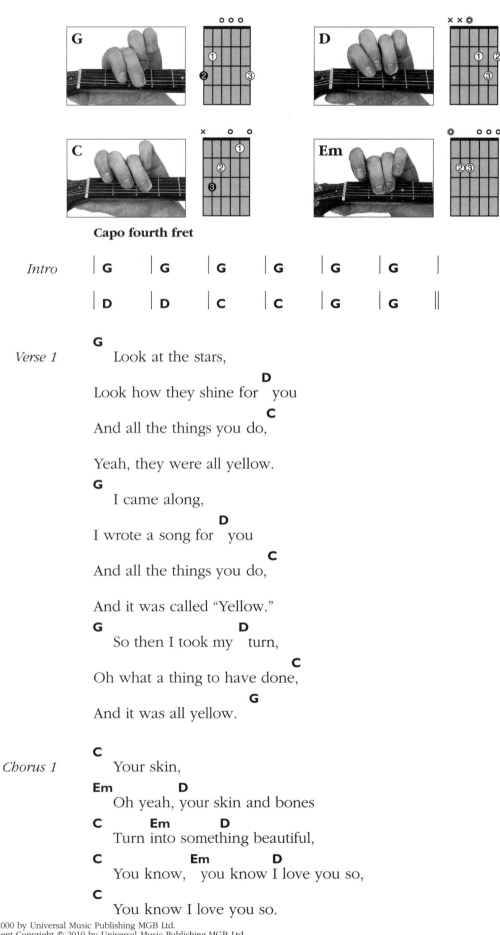

Capo fourth fret

Intro | G | G | G | G | G | G |

| D | D | C | C | G | G ||

Verse 1

G
　Look at the stars,

　　　　　　　　　　　D
Look how they shine for　you

　　　　　　　　　　C
And all the things you do,

Yeah, they were all yellow.
G
　I came along,

　　　　　　　　D
I wrote a song for　you

　　　　　　　　　C
And all the things you do,

And it was called "Yellow."
G　　　　　　　　**D**
　So then I took my　turn,

　　　　　　　　　　　　C
Oh what a thing to have done,

　　　　　　　　　　　G
And it was all yellow.

Chorus 1

C
　Your skin,

Em　　　　**D**
　Oh yeah, your skin and bones
C　　　**Em**　　　**D**
　Turn into something beautiful,
C　　　　　　**Em**　　　　**D**
　You know,　you know I love you so,
C
　You know I love you so.

G
Verse 2   I swam across,

                        D
I jumped across for you,

                   C
Oh, what a thing to do

'Cause you were all yellow.
G   **D**
   I drew a line,

            D
I drew a line for you,

                   C
Oh, what a thing to do
                    G
And it was all yellow.

C
Chorus 2   Your skin,
Em   **D**
   Oh yeah, your skin and bones
C   **Em**   **D**
   Turn into something beautiful,
C
   And you know,
Em   **D**   **C**
   For you I bleed myself dry,

For you I bleed myself dry.

| **G** | **D** | **C** | **G** | ‖ |

                                    D
Coda   It's true, look how they shine for you,

                         C
Look how they shine for you,

Look how they shine for,
G   **D**
   Look how they shine for you,

                       C
Look how they shine for you,

Look how they shine.
G
   Look at the stars,

                       D or Dm7
Look how they shine for you

                     C
And all the things that you do.

Blaze Of Glory

Words & Music by Jon Bon Jovi

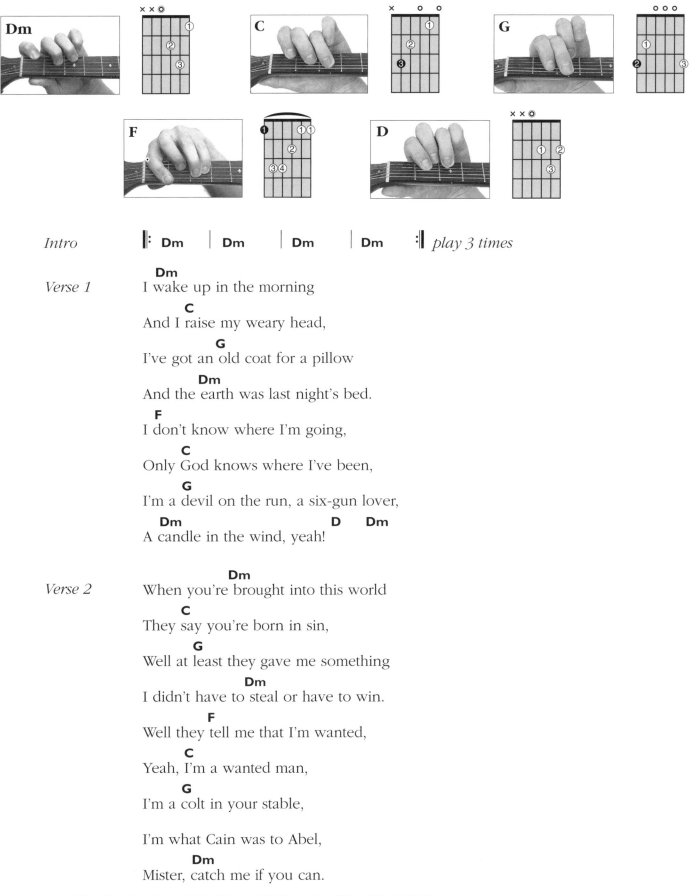

Intro ‖: **Dm** | **Dm** | **Dm** | **Dm** :‖ *play 3 times*

Verse 1

Dm
I wake up in the morning
C
And I raise my weary head,
G
I've got an old coat for a pillow
Dm
And the earth was last night's bed.
F
I don't know where I'm going,
C
Only God knows where I've been,
G
I'm a devil on the run, a six-gun lover,
Dm   **D**   **Dm**
A candle in the wind, yeah!

Verse 2

Dm
When you're brought into this world
C
They say you're born in sin,
G
Well at least they gave me something
Dm
I didn't have to steal or have to win.
F
Well they tell me that I'm wanted,
C
Yeah, I'm a wanted man,
G
I'm a colt in your stable,

I'm what Cain was to Abel,
Dm
Mister, catch me if you can.

Chorus 1
          G   **D**
I'm going down in a blaze of glory,
          G   **D**
Take me now but know the truth,
          G   **D**
I'm going out in a blaze of glory,
                 C
Good Lord I never drew first but I drew first blood,
        G   **D**   **Dm**
I'm going son, call me Young Gun.

Verse 3
              Dm
You ask about conscience
          C
And I offer you my soul,
             G
You ask if I'll grow to be a wise man,
          Dm
Well I ask if I'll grow old.
          F
You ask me if I've known love
               C
And what it's like to sing songs in the rain,
          G
Well I've seen love come, I've seen it shot down,
          Dm
I've seen it die in vain.

Chorus 2
        G   **D**
Shot down in a blaze of glory,
          G   **D**
Take me now but know the truth,
               G   **D**
'Cause I'm going down in a blaze of glory,
          C
Lord I never drew first but I drew first blood,
          G   **D**   **Dm**
I'm the devil's son, call me Young Gun.

Guitar solo ‖ **G** | **D** | **G** | **D** |

                        | **G** | **D** | **F** | **G** ‖ **D** | **Dm** |

Verse 4

       Dm
Each night I go to bed

     C
I pray the Lord my soul to keep,

       G
No, I ain't looking for forgiveness

        Dm
But before I'm six feet deep,

   F
Lord, I got to ask a favor,

     C
And I hope you'll understand,

        G
'Cause I've lived life to the fullest,

        Dm
Let this boy die like a man,

G
Staring down a bullet,

      Dm   **N.C.**
Let me make my final stand.

Chorus 3

      G   **D**
Shot down in a blaze of glory,

      G   **D**
Take me now but know the truth,

      G   **D**
I'm going out in a blaze of glory,

     C
Lord I never drew first but I drew first blood,

      G
And I'm no-one's son.

          D   **C**
Call me Young Gun, oh, oh, oh,

         G   **D**
I'm a Young Gun, Young Gun,

    D **C**
Young Gun, yeah, yeah, yeah,

     G   **D**   **Dm**
Young Gun.